첫 번째 성탄절로 떠나는 여행

A Journey to the First Noel

성탄 여행

저자 정부선
그림 파스텔

첫 번째 성탄절로 떠나는 여행

김덕진 목사 토비아선교회대표

이 세상 가운데 죄와 악이 널리 퍼진 이래로 하나님의 피조물과 인간은 길을 잃고 방황하며, 어둠 가운데, 절망과 고통 가운데 신음하며 살았습니다. 그들은 죄와 어둠, 고통과 절망 가운데 신음하며 구원을 바랐습니다. 예수님께서는 유다 땅에서, 이방 땅에서 그리고 세상 곳곳 죄와 악이 지배하는 곳곳에서 탄원하는 소리를 들으시고 그들에게 구원의 주님으로 찾아오셨습니다. 예수 그리스도께서 이 땅 위에 태어나신 사건은 세상 가운데 방황하는 우리 모든 인간에게 바른 길을 알려주시고, 구원과 진리의 길로 나오도록 인도하시는 은혜입니다.

복음서의 성탄 이야기는 힘들고 어려운 세상 속에서 소망을 잃지 않고 믿음으로 길을 찾아 나선 이들의 이야기입니다. 예수님의 탄생이 임박한 시기에 세상 많은 사람은 절망과 고통의 방황하는 길 위에 서 있었습니다. 그때 예수님께서는 그 모든 사람에게 구원하시는 메시아로서 오셨습니다. 예수님은 우리 모든 인간을 참된 믿음의 길, 소망의 길 그리고 사랑의 길로 나아가도록 인도하셨습니다. 중요한 것은 인도자요 구원자이신 예수님께서 오셨음을 듣고 알아 그 분의 탄생의 자리로 나아가는 것입니다. 그래서 거기 예수님께서 태어나신 곳으로부터 우리 구원과 영생의 길을 새롭게 시작하는 것입니다.

토비아의 어린이 대강절 교재 『성탄여행』은 예수님께서 태어나실 때 그 아기의 모습으로 오신 예수님을 만나기 위해 여행을 떠난 사람들의 이야기입니다. 그들은 한결같이 예수님 탄생 소식을 들었고 예수님 탄생지로 여행을 떠났으며, 구원자로 오신 아기 예수님을 만났습니다. 예수님 어머니 마리아는 예수님이 태어난다는 이야기를 천사를 통해 들었습니다(눅 1:31). 마리아는 두려웠지만 믿음으로 아들 예수님을 만나는 길을 떠납니다. 들판에서 양들을 지키던 목자들은 천사들이 전하는 메시아 탄생 소식을 듣고 예수님께 경배하러 길을 나섰습니다(눅 2:11). 동방의 박사들은 별이 빛나는 징조를 보며 메시아의 탄생을 축하하는 길을 나섰고 베들레헴에서 아기 예수님을 만났습니다(마 2:2). 예수님 탄생 주변에는 온통 여행의 이야기로 가득합니다. 구원의 주로 오신 아기 예수님을 맞아들이고, 경배하며 축하하는 여행들입니다. 이제 성경은 우리에게도 그 여행을 제안합니다. 성경은 우리에게 절망과 고통, 좌절과 슬픔의 자리에서 일어나 구원과 영생의 주로 오시는 예수님을 맞이하러 길을 나설 것을 요청합니다.

토비아는 『성탄여행』을 통해 우리 어린이들이 하늘의 초대장을 받아들게 되기를 바랍니다. 그래서 모두 함께 손을 잡고 예수님께서 탄생하신 자리로 여행을 떠날 것을 요청합니다. 어린이들은 이 여행을 통해 죄와 악의 슬픔 대신 구원과 영생의 기쁨을 경험하게 될 것입니다. 아기 예수님과 함께 세상으로 나아가 죄와 슬픔 가운데 방황하는 이들에게 예수님 탄생의 기쁜 소식을 전하게 될 것입니다. 이번 대강절과 성탄절에 우리 모든 선생님들과 어린이들 그리고 부모님들이 베들레헴 예수님 탄생지로 성탄 여행을 떠나는 은혜롭고 즐거운 시간을 경험하시기를 바랍니다.

『성탄여행』 활용안내

● 『성탄여행』 신앙교육교재 구성 및 진행

  1. 외울말씀 성경구절을 적고 암송하기
  2. 성경이야기 어린이와 함께 성경이야기를 소리내어 읽기
  3. 학습활동 성경이야기를 기억하며 과제 완성하기
  4. 기도해요 각 과를 마무리하며 한목소리로 기도하고, 1주일 동안 시간을 정해 기도하기

● 『성탄여행』 이렇게 시작해요

  1. 회개의 기도로 시작해요

    한 주간 동안 잘못한 것이 있다면 회개의 기도를 드리며 모임을 시작해요.

  2. 함께 나눔으로 시작해요

    한 주간 동안 예수님의 태어나심을 기억하며 우리 삶에서 경험한 은혜에 대해

    이야기를 나누어요.

  3. 말씀을 복습하며 시작해요

    한 주간 동안 외운 말씀을 함께 점검하며 모임을 시작해요.

● 『성탄여행』 교사지침

  교사지침은 토비아 홈페이지에 업로드 됩니다.

  토비아 홈페이지에서 다양한 콘텐츠와 자료를 만나실 수 있습니다.

토비아홈페이지
토비아홈페이지에서
더많은 토비아의 자료와 콘텐츠를
만나실 수있습니다.

저자 정부선

정부선 전도사는 오랫동안 기독교대한성결교회 어린이성경공부교재를 집필하는 일에 헌신했다. 현재는 문화촌성결교회 어린이부 전도사로 사역하며, 토비아선교회의 다양한 말씀공부교재 개발과 집필 그리고 교회교육 사역자양성에 헌신하고 있다.

그동안 어린이교재 「예수님이 말씀하시니Ⅰ」「예수님이 말씀하시니Ⅱ」「예수님을 따라 걸어요」「평화의 예수님을 기다려요」「예수님의 사랑을 닮아가요」「미라클 지저스」「예수님이 만난 갈릴리 사람들」「예수님을 따라 떠나는 낯선여행」「예수, 하나님의 어린양」「토비아 컬러링 바이블」1권, 2권, 3권 그리고 노인교재 「말씀세대」 등을 집필했다.

첫 번째 성탄절로 떠나는 여행
A Journey to the First Noel

1판 1쇄: 2023년 11월 16일

저 자: 정부선
그 림: 파스텔
편 집: 오인표
디자인: 오인표, 강민준
펴낸이: 강신덕
펴낸곳: 도서출판 토비아
등 록: 107-28-69342
주 소: 03383) 서울시 은평구 은평로 21길 31-12, 4층
       T 02-738-2082 F 02-738-2083

ISBN: 979-11-91729-19-1 03230

CONTENTS

1과 메시아를 기다렸어요!

● 배울 말씀: 이사야 7장 13-15절
● 외울 말씀: 이사야 7장 14절

이사야 7장 14절을 찾아 ⬤ 를 채우고, 말씀을 함께 외워요.

주께서 친히 ⬤⬤ 를
너희에게 주실 것이라
보라 처녀가 ⬤⬤ 하여
⬤⬤ 을 낳을 것이요
그의 이름을
⬤⬤⬤⬤ 이라 하리라

이사야 7장 14절

간절한 마음으로
하나님 약속을 기다렸어요.

로마가 다스리는 유다 땅에서
고통 가운데 힘들게 살아가는 하나님의 사람들이 있어요.
포로로 잡혀간 남의 나라에서
하나님의 사람들이 절망속에서 슬픔의 눈물을 흘리며 살아가고 있어요.
살 곳을 잃고 쫓겨나 방황하는 하나님의 사람들이
힘들어 아파하며 주저앉아 원망하고 있어요.
모든 사람들이 구원의 날을 기다리고 있어요.
간절한 마음으로 구원자 메시아를 기다리고 있어요.

그때, 하나님은 선지자들을 보내어 사람들에게 말씀하셨어요.
하나님의 선지자들은
아파하는 사람들에게 어려운 시간을 인내하라고,
힘들어 하는 사람들에게 소망을 버리지 말라고,
구원자 메시아를 기다리라고 말했어요.
하나님의 선지자 이사야가 이렇게 말했어요.
"한 아기가 태어날 것입니다.
 그 아기가 우리를 죄와 고통, 어둠과 절망에서 구원할 것입니다."
하나님의 선지자 미가가 이렇게 말했어요.
"다윗의 마을 베들레헴에서 메시아가 탄생할 것입니다.
 베들레헴에서 들려올 소식을 기다리세요.
 그 날을 믿음으로 기다리세요."

사람들은 선지자들의 이야기를 듣고 힘을 냈어요.
메시아로 오실 아기를 기다렸어요.
베들레헴에서 들려 올 희망의 소식을
간절한 마음으로 기도하며 기다렸어요.

길을 떠나요

오랫동안 기다렸던 하나님의 약속이 이루어질 때가 되었어요.
이사야 선지자가 예언한 메시아는
어디에서 태어날까요?

이사야 7장 14절
주께서 친히 징조를 너희에게 주실 것이라
보라 처녀가 잉태하여 아들을 낳을 것이요
그의 이름을 임마누엘이라 하리라

출발

도착

성경말씀을 큰 소리로 읽고, 색칠하여 이야기를 완성해요.

" 베들레헴 에브라다야 너는 유다 족속 중에 작을지라도 이스라엘을 다스릴 자가
 네게서 내게로 나올 것이라 그의 근본은 상고에, 영원에 있느니라"

미가 5장 2절

2과 메시아가 오셨어요!

- 배울 말씀: 누가복음 1장 26-38, 2장 1-7절
- 외울 말씀: 누가복음 1장 35절

 누가복음 1장 35절을 따라 적고, 말씀을 함께 외워요.

천사가 대답하여 이르되
성령이 네게 임하시고
지극히 높으신 이의 능력이
너를 덮으시리니
이러므로 나실 바
거룩한 이는
하나님의 아들이라
일컬어지리라

누가복음 1장 35절

떨리는 마음으로 베들레헴으로 떠났어요.

어느 날, 가브리엘 천사가 하나님의 보내심을 받아 갈릴리 나사렛 동네에 사는
요셉의 약혼자 마리아를 찾아왔어요.
마리아는 가브리엘 천사의 방문에 깜짝 놀랐어요.
가브리엘 천사는 마리아에게 하나님의 말씀을 전했어요.
"마리아님, 하나님은 당신을 통해 크고 놀라운 일을 계획하고 계신답니다.
마리아님이 세상을 구원할 하나님의 아들을 잉태하여 낳을 것입니다."
가브리엘 천사의 말을 전해들은 마리아는 두려웠어요.
"저는 결혼도 안 한 처녀인데 어떻게 그런 일이 저에게 일어날 수 있나요?"
"마리아님, 성령이 임하고 하나님의 능력이 당신을 덮을 것이니 두려워 마세요.
하나님은 모든 것을 하실 수 있는 분임을 믿으세요."
마리아는 예언의 말씀이 자신을 통해 이루어짐이 두려웠지만, 하나님을 믿었어요.
두려웠지만, 하나님께 순종하며 영광을 돌렸어요.
그리고 요셉은 그런 마리아와 함께했어요.

얼마 후, 모든 사람들에게 고향으로 돌아가 호적을 하라는 명령이 내려졌어요.
요셉은 마리아와 함께 고향 베들레헴으로 길을 떠났어요.
마리아와 요셉은 곧 아기가 태어날 것을 알았기에 멀고 긴 여행길이 걱정되었어요.
며칠을 걸어 왔을까요?
함께 길을 떠난 사람들의 모습이 저만치 앞서가다가 이제는 더 이상 보이지 않네요.
마리아는 요셉의 손을 잡고 힘겹게 걸으며 베들레헴으로 향하고 있어요.
그리고 아기 예수가 태어날 시간이 가까이 다가옴을 느꼈어요.
마리아는 아기 예수를 생각하니 마음이 두근거리며 떨려왔어요.
"요셉, 저기 베들레헴이 보여요."
저기 언덕 위에 있는 베들레헴 동네 불빛이 보이네요.
지금, 마리아는 떨리는 마음으로
베들레헴으로 가고 있어요.

길을 떠나요

요셉과 마리아는 호적을 하러 지금 베들레헴으로 길을 떠나고 있어요.
어느 길로 가야 베들레헴에 도착할 수 있을까요?

성경말씀을 큰 소리로 읽고, 색칠하여 이야기를 완성해요.

" 첫아들을 낳아 강보로 싸서 구유에 뉘었으니 이는 여관에 있을 곳이 없음이러라"

누가복음 2장 구절

3과 복된 소식을 들었어요!

- 배울 말씀: 누가복음 2장 8-20절
- 외울 말씀: 누가복음 2장 11절

보기에서 알맞은 단어를 찾아 누가복음 2장 11절을 완성하고, 말씀을 함께 외워요.

오늘 ○○ 의
○○ 에
너희를 위하여
구주가 ○○○○
곧 ○○○○
주시니라 누가복음 2장 11절

보기 다윗, 모세, 마을, 동네, 너희, 우리, 나셨으니, 오셨으니, 임마누엘, 그리스도

벅찬 마음으로
베들레헴으로 달려갔어요.

베들레헴 성밖 들판에 어둠이 찾아왔어요.
온 세상이 모두 잠든 밤에도 잠 못 드는 사람들이 있었어요.
양들을 돌보느라 깨어 있는 목자들에게 천사가 찾아왔어요.
갑자기 빛이 나타나더니, 캄캄한 밤하늘을 환히 밝혔어요.
그리고 빛 사이로 한 음성이 들려왔어요.
"무서워하지 말아요. 여러분들에게 복된 소식을 전하러 왔어요."
"복된 소식이요?"
"네, 오래 전 하나님이 약속하신 메시아, 세상을 구원할 구주가
 오늘밤 베들레헴에 태어나셨어요. 가서 아기를 만나보세요"
"정말요? 그런데, 그 아기를 어떻게 찾을 수 있나요?"
"강보에 싸여 구유에 누워있는 아기를 찾으세요.
그 아기가 바로 하나님이 약속하신 그리스도이십니다."
천사의 말이 끝나자 수많은 천군들이 천사들과 함께 하나님을 찬송하고 목자들을 떠났어요.

빛이 사라지고 들판에 다시 어둠이 찾아왔어요.
"예언이 이루어졌다고?"
"오늘밤, 베들레헴에 구주가 태어나셨다고?"
"베들레헴으로 가서, 강보에 싸여 구유에 누워있는 아기를 찾아야 돼"
"그래, 천사가 말한 구유에 누워있는 아기를 어서 만나러 가자"

목자들은 온 힘을 다해 베들레헴으로 달려갔어요.
강보에 싸여 구유에 누워있는 한 아기,
하나님이 약속하신 구주를 만나기 위해
벅찬 마음으로 달리고 또 달려갔어요.

길을 떠나요

천사들이 전한 복된 소식을 들은 목자들이 베들레헴으로 가고
있어요. 어느 길로 가야 예수님을 만날 수 있을까요?

도착

출발

성경말씀을 큰 소리로 읽고, 색칠하여 이야기를 완성해요.

" 목자들은 자기들에게 이르던 바와 같이 듣고 본 그 모든 것으로 인하여
하나님께 영광을 돌리고 찬송하며 돌아가니라

누가복음 2장 20절

4과 별을 따라 왔어요!

- 배울 말씀: 마태복음 2장 1-11절
- 외울 말씀: 마태복음 2장 2절

 마태복음 2장 2절을 따라 적고, 말씀을 함께 외워요.

유대인의 왕으로☆
나신 이가 어디 계시냐
우리가 동방에서
그의 별을
보고 그에게
경배하러 왔노라

마태복음 2장 2절

셀레는 마음으로
베들레헴으로 왔어요.

먼 동방의 나라에 밤하늘의 별을 보고 하늘의 징조를 살피는 박사들이 있었어요.
어느 날, 밤하늘에 유난히 크게 밝은 별 하나가 나타났어요.
"저기, 크고 밝게 빛나는 별이 보이는가?"
"저 별이 언제 나타났지? 저렇게 크고 빛나는 별은 처음 보지 않나?"
"혹시, 저 별이 유대인들 사이에서 내려오는 예언의 별, 유대인의 왕의 별이 아닐까?"
박사들은 유대인의 왕의 탄생을 알리는 예언의 별이 나타났음을 기뻐했어요.
몇일 후 예언의 별이 움직이자, 동방의 박사들은 그 별을 따라 먼 길을 떠났어요.

별을 따라 여행한지 얼마나 지났을까요?
마침내, 동방의 박사들이 예루살렘에 도착했어요. 그리고 이렇게 말했어요.
"유대인의 왕으로 태어나신 이가 어디에 계신가요?
우리들은 동방에서 예언의 별을 보고 경배하러 왔습니다."
이 말을 들은 예루살렘 성안이 시끌시끌 소란스러워졌지만,
하나님이 약속하신 메시아는 그곳에 없었어요.
"예루살렘에 있던 제사장들과 서기관들이 예언의 메시아가
베들레헴에서 태어나신다고 한 말 들었나?"
"나도 들었네. 아마도 저 별이 우리를 그곳으로 데려다 줄꺼야"

다시 예언의 별이 움직이기 시작했어요.
"별이 움직이고 있어"
"베들레헴, 그곳은 어떤 곳일까? "
"유대인의 왕으로 오신 그분은 어떤 모습일까?"
동방의 박사들은 셀레는 마음으로
별을 따라 베들레헴으로 왔어요.

길을 떠나요

동방박사들이 예수님께 경배하러 별을 따라 베들레헴으로
가고 있어요. 어느 길로 가야 예수님을 만날 수 있을까요?

⇒ 도착

출발 ⇒

성경말씀을 큰 소리로 읽고, 색칠하여 이야기를 완성해요.

" 집에 들어가 아기와 그의 어머니 마리아가 함께 있는 것을 보고
엎드려 아기께 경배하고 보배합을 열어 황금과 유향과 몰약을 예물로 드리니라"

마태복음 2장 11절

5과 아기 예수님을 축하해요!

● 배울 말씀: 마태복음 1장 18-25절
● 외울 말씀: 마태복음 1장 21절

 마태복음 1장 21절을 따라 적고, 말씀을 함께 외워요.

아들을 낳으리니 이름을
예수라 하라 이는 그가
자기 백성을 그들의
죄에서 구원할
자이심이라

마태복음 1장 21절

기쁜 마음으로
베들레헴으로 함께 떠나요.

2천 여년 전 , 작은 마을 베들레헴에서 아기 예수님이 태어나셨어요.
첫번째 성탄의 그날 밤,
누추하고 작은 마구간에 아기 울음 소리가 퍼졌어요.
어두웠던 세상에는 복된 소식을 전하는 환한 빛이 비추었어요.
고요했던 들판에는 천사들의 찬양소리가 울려 퍼졌어요.
하늘에는 크고 밝은 별이 떴고, 그 별이 베들레헴으로 길을 인도했어요.

첫번째 성탄의 그날 밤,
마리아와 요셉은 아기 예수님의 이름을 처음으로 불렀어요.
들판의 목자들은 아기 예수님을 만난 첫번째 사람들이 되었어요.
동방의 박사들은 아기 예수님께
귀한 예물을 드린 사람들이 되었어요.

오늘 우리도 베들레헴 그 작은 마구간으로 함께 떠나요.
우리를 구원하실 아기 예수를 기대하는 마음으로 떠나요.
크고 밝은 그 별을 따라 베들레헴으로 함께 떠나요.
천사들의 노랫소리에 귀 기울이며 함께 떠나요.
떨리는 마음으로 아기 예수님의 이름을 불러요.
벅찬 마음으로 아기 예수님의 얼굴을 보아요.
설레는 마음으로 아기 예수님께 나의 마음을 드려요.

"기쁜 마음으로 아기 예수님의 성탄을 축하해요.
아기 예수님을 만나러 베들레헴으로 함께 떠나요."

길을 떠나요

우리도 아기 예수님을 축하하러 베들레헴으로 길을 함께 떠나요.
어느 길로 가야 아기 예수님을 만날 수 있을까요?

도착

1 출발

2 출발

3 출발

성경말씀을 큰 소리로 읽고, 색칠하여 이야기를 완성해요.

" 지극히 높은 곳에서는 하나님께 영광이요
땅에서는 하나님이 기뻐하신 사람들 중에 평화로다 하니라"

누가복음 2장 14절

아코디언북 만들기

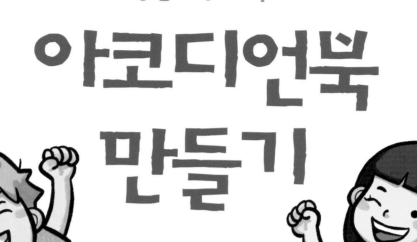

그림을 가위로 오린 다음,
성탄여행을 기억하며 순서대로 번호를 적고,
서로 연결하여 아코디언북을 만들어 보아요.